너에게 따사로움을
가득 건네고 싶어

너에게 따사로움을
가득 건네고 싶어

초판 1쇄   2025년 2월 1일

지은이   이정훈
발행처   쿠움

06654   서울특별시 금천구 가산디지털1로 168, B동 5층 8호
E-mail   quum@daum.net
Tel·Fax   02 6207 8900
출판등록   2011년 8월 5일 (제321-2011-000151)

ISBN   978-89-98683-06-1 03810

---

* 잘못된 책은 구입한 서점에서 바꿔 드립니다.
* 이 책에 실린 모든 내용, 디자인, 이미지, 편집 구성의 저작권은 쿠움과 지은이에게 있습니다.
  허락 없이 복제하거나 다른 매체에 옮겨 실을 수 없습니다.

너에게 따사로움을
가득 건네고 싶어

이정훈 지음

머리말

반가이 날 맞아준
따뜻이 날 보아준
묵묵히 날 믿어준
친절히 날 대해준
든든히 날 지켜준

오랜 벗,
사랑하는 아내 혜련에게

감사함을 담아
따사로움을 건네다

2025년 2월
이정훈

CONTENT

머리말	5
하루, 봄	8
연꽃이 피는 계절	9
봄	10
달밤 봄꽃	11
여름	12
매미	13
산책	14
항해	15
하늘	17
강화에서	18
계단	19
문	20
민스크	21
수학적 귀납법	22
산	23
선실에서 1	24
선실에서 2	25
선실에서 3	27
한 끗 차	28
자연수	29
북향	30
친절한 비율	31
무궁화호	32
칵테일	33
공중전화	34
북녘 밤	35
북녘 아침	36

답장	37
낯섦	38
라임	39
낯선 우주	40
난, 꽃	41
내장산	42
잠시 스친 하루, 다시 만날 여운	43
순댓국	44
집 밤	45
화원	46
소복한 겨울	48
북녘 겨울	49
밥먹차 오는 길	50
상추	51
친절한 하루	52
다시, 봄	53
안개	54
동백	55
너는 꽃, 나는 봄	56
잔	57
겨울 너머 봄	58
함박눈	59
내 마음	60
겨울 섬	61
겨울 바다	62
눈 오는 날, 차 한 잔, 글 편지	63
응원	64
오래된 길	65
너에게 따사로움을 가득 건네고 싶어	66
맺음말	67

하루, 봄

하루, 한낮 봄이면

눈앞 흙길 잡풀도
금수고 강산이다

곁에 있는 당신이
내 사랑이고

잡은 손 나보다
더 꽉 쥔 그대가
내 사람이다

연꽃이 피는 계절

용기 내어 건네는 말
수줍어서 피하는 눈

다가가려 내미는 손
반가워서 미소진 입

아련하게 떠나는 발
그리워서 남겨둔 맘

무심코 걸어도
너에게 가던

딴 곳을 보아도
나만을 보던

연과 꽃이 만나
여름을 시작하다

봄

스무 살 봄은
길고도 포근해

그때 핀 봄꽃
따뜻한 햇살
반갑던 사람

그날 이후로 봄도
나와 함께 늙더라

그래도 봄날
다시 핀 봄꽃

내가 그린 그림은
봄이 남긴 그리움

달밤 봄꽃

나는 달밤이다
달처럼 당신을 비추고
밤처럼 그대를 감싼다

그대는 봄꽃이다
봄처럼 내 맘을 달래고
꽃처럼 내 속을 태운다

그래서 우린,
늦은 봄 여기까지다
더는 비추고 감싸지 못한다
달랠 마음도 태울 속도 없다

그저 앞에 선 여름과 가을,
겨울을 견뎌봐야 한다

다음
꽃 피는 봄, 달이 덩그런 밤
그대는 달밤으로
나는 봄꽃 되어
밝게 비추며 맘껏 태우자
봄은 또 올 테니

여름

진즉에 떨궈질 꽃잎인데
미련이 붙잡고 늘어졌다

휑할까 두려웠고
향기가 그리웠다

꽃이 지니
잎이 난다

그도 편하고
나도 가볍다

여름이다

매미

맴맴 울어댄다
입이 매워 그럴까? 바깥 삶이 맵기도 할 테다

나무에 꼭 매달린다
참아본다 버틴다

가을 오기 전
꼭 한번은
만나야 한다
그여야 한다
그래야 한다

맴이 아파도
맴 가는 데로
맴도는
매미다

산책

가을은 슬픔이 묻어도 티가 안 나
검붉은 갈옷처럼
흙투성이로 하루를 마쳐도
마실 나온 듯 산뜻하지

얼굴 주름도 멋진 날이네
해질녘이니 잠시 쉬어도 된다네
곧 오를 샛별 또한 반갑지 않겠는가

가을 풀 향 같은 그대여
사그라지는 마음이여
묵묵한 삶이여

긴 겨울이 오기 전, 옷깃 매어주는 손길이여

한아름 안녕!

항해

밤이 되니 망망대해
온전한 검정으로 물든다

쉴 새 없는 파도가
팽팽히 힘을 모아
쩍하고 내려찍는다

둔탁하고
거세다

무력하다
막막하다

기세등등한 내가
매 순간 쓸려간다

이 무력함은 드넓은 까닭이다
이 막막함은 새롭기 때문이다
생각한다
위로한다

앞뒤 볼 수 있는 게 없다
잠시 누워 위를 본다

바다만큼 까맣다
드문드문 반짝이는 별빛
분명 하늘이다

일렁이는 파도에
흔들리는 나, 보고픈 그대

펼쳐진 별빛,
꼿꼿한 항성,
그러니까 곁에 있는 서로만이 좌표다

항구는 멀고 파도는 사납지만
여전히 나는 항해한다 너를 향해

하늘

하늘은 높아서가 아니라
늘 곁에 있어

하~~늘이지

강화에서

원하는 것을 탐하지 않는다
보고픈 것도 찾지 않는다

머물고 싶지만 떠나며
말이 앞설 땐 침묵한다

힘껏 노력할 뿐 되고자 함이 없다

지나갈 것을 알기에 미움에 머물지 않고
잊힘도 알기에 후회를 새기지 않는다

한순간
존재함으로 만족하고

영원히
사라짐에 홀가분하다

계단

너라고 끝이 없을쏘냐!

문

닫혀 있지만 열려야 함을
머물렀지만 떠나야 함을
함께였지만 혼자여야 함을

열고 들고 머물다 떠나는
모든 이에게
문이 답한다

민스크

민스크 그 밤
너를 만난 그날

은하수처럼 밝은 날들이
펼쳐질 거라고
희망 그뿐이라고

소소히 담소하던

회색만이 펼쳐있는
세상의 끝에서

몇 번의 생을 살지
몇 번의 생을 살았는지

손끝에 닿자 사악 사라지는
눈송이처럼
기억을 담았다
펼쳤다

아직 밤이 끝나지 않은 그날
우리

수학적 귀납법

누구나 무지개다리를 건너게 된다.

무지개다리를 건너려면
먼저 무지개가 피어나야 한다
무지개가 피려면
비가 그치고 햇살이 비쳐야 한다
그전에 비가 내려야 함이 당연지사다

그 탓에 지금 비에 젖어 떠는 게다

곧이어
비는 그치고 햇살이 비치며
무지개가 피어나리라

그러니까
버텨볼 참이다

산

나는 산이 될 테다

그대 뜰 안

서린 북풍 막아내고
고운 햇살 드리우게

산은 그대를 바라보고
그대는 뜰 앞을 내다본다

나와 그대가
마주보지 못함이다

그래도
한 번쯤 뒤돌아봐 주게

꽃과 잎이 한가득
그대 향해 폈을 테니

선실에서 1

답답한 선실 문을
아이가 벌컥 연다

검은 파도가
이때다 달려든다

닐자! 아빠스나!
(안 돼! 위험해!)

애가 탄 목소리
카랑카랑하다

저 문을 열면 날 선 바다가
너를 데려갈 거야

이리 오렴. 여기는 괜찮아
엄마가 아빠가 있으니!
아이만 모르는
말을 하게 되면

어른이 되는 걸까?

선실에서 2

하나를 가지고 둘이 싸운다
둘이니까 문제일까?
하나여서 모자란 걸까?

나눌 수도 없고
더하지도 못하겠고
뺏기면 억울하고
싸움 말곤 답이 없다

큰놈에겐 장난감을
작은 녀석에겐 달램을

작전 실패!

빼앗긴 걸 따뜻한 말로는 채울 수 없어요!

서럽다 작은 아이는
미안하다 큰 녀석은
그래 너 갖고 놀아!
울음 뚝!

아빠가 흐뭇하다
큰아이는 으쓱하다
작은애는 행복하다

하나가 둘
둘이 하나!

선실에서 3

네 것 내 것 나누고
이것저것 따지고
요리조리 살핀다

그래서 아팠다

너 맘 내 맘 나누고
이 일 저 일 보듬고
요것조것 살핀다

그러니 나았다

한끗 차

바람에다 미래를 두면 실망
미래에다 바람을 두면 희망

자연수

자연수 2는 특별하다
서로 더한 값과 곱한 값이 같다
로그도 마찬가지고 지수도 그렇다

해와 달
낮과 밤
삶과 죽음
너와 나

일과 삼 사이
낮과 저녁 사이

그러니까 석양은
숫자로 2와 같다

그저 아름답다

북향

내 방은 북향이다
볕이 귀하다

벽에 걸린 달력
속
여백은
열린 창틀이다

햇살 담긴 풍경이 펼쳐진다

잠시나마 따스하다

친절한 비율

비율을 조금 늘리거나 줄이면서 낯설게 해본다
술잔이 찰랑거릴 정도 넘치지 않는 어색함이 필요하다
완벽함과 거리를 둬야 한다
나 또한 실수투성이 아니던가
찰랑찰랑 정도가 딱 좋다

무궁화호

집에 가는 길엔 무궁화호 타야지
처음 본 간이역에서 내릴 거야
묵묵히 다음 기차를 기다리는 거야
그렇게 타고 내리고 타고 내리면
어느새 낯선 내가 나를 반겨줄 거야

너와 함께 출발할
종착역이야

칵테일

덥기 그지없어
잠들지 못한 밤

시원한 칵테일

한 모금, 한 모금 빨대로 쪽쪽 빨아 넘긴다

어느새
날 선 공기 소리!

빨대는 위대하다
어디까지가
끝인지 알고 있으니!

공중전화

먼 타지 공중전화
네가 제일 먼저 생각난다
적잖이 힘든가 보다

전화하고픈 사람,
함께한 친구며
살아갈 동지

오늘도,
부재중 발신이다

북녘 밤

누군가 도움 없이는
낭패였을 밤

따뜻한 배려로
하루를 넘기다

이방인을 돕는 손길엔
이문도 없건만
자기 일인 양 손 내민
익명들

삶의 여러 날 중 가장 추웠지만
또한 가장 따스하게 잠든 밤

북녘 아침

내쉬는 입김은 혹독함에 맞서는
용기다

내일이 오늘보다 가혹할지언정
눈 감지 않겠다는 각오다

눈 덮이면 다 희게 되듯
누구 할 것 없이 고결하다

결핍이 만들어준 존엄이다
고난이 전해준 위로다

살아서 맞는 아침이다

답장

지금은 다른 어느 길
여전히 가을인 그곳

조금 둥근 붓처럼
콧등을 간지럽히듯
잎새 하나 떨리듯

전할 안부 고이 접어
물 위에 두둥실

감사한 마음을 담아
답장하다

낯섦

맑았다가 금세 흐려진다
한가하다가 순간 북적인다
나였다가 잠시 누군가가 되어본다

익숙한 나는 어제의 나다
생소한 나는 오늘을 산다
어려운 일은 시간이 푼다

이 낯섦은 경계를 넘는 증거다
한발 더 가, 봄이다

라임

운명은 조성
인생은 선율
인연은 화음
행복은 리듬

낯선 우주

많은 일이 있었다 설명할 수 없는
가능하다면 저 호수처럼 잔잔하고 싶었다

삶은 거친 풍랑 속, 부닥치는 건 드센 파도와
날 선 칼바람 뿐

나는
돛을 펴고 나아감을 택했다

참인 명제와 참이 아닌 명제로 나누어진 우주

삶은 그 사이를 항해하는 배다

결정은 쉬웠다

더욱 낯설게 그렇게

난, 꽃

난(蘭)은 마음을 쉽게 열지 않는다
투정도 없지만 애교도 없다
매일 꼿꼿할 뿐 흔들림도 없다
그래도 저리 마음을 열 때면
그간 담은 속정을 풍성히 담아 꽃과 향을 틔운다
열렬하며 호탕하다
긴 시간 함께해 준 난(蘭), 새삼 고맙다
저 꽃도 잠시겠지만 어떠랴!
만나 어울리니 그저 좋다

난, 꽃
넌, 길
우린 꽃길

내장산

이 산은 만만치 않다
거칠고 청량하다

단풍이 얼굴 붉히며 반할 만하다

잠시 스친 하루, 다시 만날 여운

사찰 향 따라
걷다
문득 안다

우리 있던
자리
회화나무 아래
꼭 이맘때

기다리던 나와
돌아서던 그와
어쩔 수 없던 삶

조계사 유월엔
세월도 쉬어간 듯

가버린 그와
여전한 마음과
남겨진 나

당신 참 그립다

순댓국

어물쩍 지난 하루

차가운 소주 한 잔
따스한 순대 국물

그거면 살맛 난다

이제 그만 내려가자
올라 봐야 허공이다

우리 아가 방긋 웃는 아랫말
꽃 한 송이 쥐어 든 채
한달음 뛰어가자

푹 고아 섞이고 푹 삶아 맞대며
웃음꽃을 피워보자

집 밤

늦은 밤 샤워를 한다

덜 마른 머리
지워진 화장

부스스하고 무표정하다

하루 종일 남만 보다
비로소 나를 본다

솔직하고 담백하다
친근하고 애잔하다

하루를 버틴 굳센 나다

화원

겨울바람이 사뭇 매섭다
밖은 앙상한데
온실은 화려하다

따스하고 지루하다
우리 유리 속, 벗어날 길 없다

열매를 맺는다
화원의 창을 잠시 열 때면
새들이 들어온다

잘 익혀
곱게 담은
씨앗 하나
새와 함께
날아간다

매서운 세상인들 어떠랴
내 씨앗 뿌리내릴 곳 한 뼘 정도 있을 게다

좀 더디면 어떠랴
움트는 힘만 있으면 백 년은 족히 자랄 게다

언 땅도 봄볕에 녹는다
싹이 돋기만 기다리자

땅은 마음이 넓으니
꽃과 풀이 빼곡하도록 자리를 내어주겠지.

소복한 겨울

이 겨울에는 기다림에
지치지 않아야 해 그래야
봄을 새로 만날 수 있잖아

입김을 불어서라도 언 마음 녹여야 해

마음이 얼면
봄이 와도
서로 못 본 체
지나칠 테니

북녘 겨울

공기마저 얼릴 듯한 북녘 겨울
따뜻함을 간직한 건
오직 당신뿐

추위가 기승을 부릴수록
옹기종기 모이고
오손도손 살아간다

더없이 차가운 밤
마음만은 온기가 가득하다

동트기까지 그리 멀지 않았다

밥먹차 오는 길

돌아가는 이 길이 참 좋다
눈에 담기고
귀에 닿는다

내가 가려던 길이 끝나니
나를 반기는 그가 서 있다

함께 살아 숨쉬니까…
그가 나를 좋아하는 이유다
나도 그렇다

우리는 지금
12월 봄처럼
넉넉하고 다정하다

상추

싹이 트기 전
얼마나 힘들었을까
싹이 난 후도
마찬가지일 테지
그래도
푸르른 넌
상처도 추억으로
피워낸

상추

친절한 하루

친절한 마음으로
하루를 채워간다

성공은 못 한대도
성장은 할 수 있다

명성이 없다지만
감성은 충만하다

나에게 친절하니
나와도 절친된다

오늘만큼 기뻐하고
남은 몫은 전해준다

내일 그리고 너에게

다시, 봄

한 봉우리 활짝 피었다

수많은 꽃 사이 그대만 줄곧 보았고
수많은 인연 중 네게만 마음 보였다

곁에 없어 그리웠고 품에 남아 애잔했다

꽃피어 마주하니 하루가 봄날이다
마음껏 비춰주니 한겨울 봄볕이다

봄 봄 봄이 온다

안개

안개가 아무리 짙어도
그대 온기를 감추진 못해

동백

꼭 그대가 웃음 짓는 듯해서
차마 마주보진 못하고
따뜻한 숨결만 전한다

꽃피어라 향긋해라

그대 감싼 햇살 가득하게

나는 열린 창이거늘
곁에 선 그늘이거늘

사랑받고 웃음 짓길
따사롭고 여유롭길

동백이여
안녕 그리고 안녕
(До свидания, 꼭 다시 만날 때까지)

너는 꽃, 나는 봄

너는 꽃, 나는 봄
서로가 향긋하다

꽃이 지면
봄도 가니
둘이서
애틋하다

꽃과 봄
너와 나

향긋하고
애틋하게

함께해서
봄날이다

다시 만날
사랑이다

잔

이 잔에 닿는 따뜻함
이 잔에 채운 다정함
이 잔에 넘친 애틋함

하루 한 잔
내 속에

식지 않을
한 모금

꼭 머금고
또 하루,

기다림

겨울 너머 봄

가만히 천천히 꾸준히
너에게 닿는
눈처럼

쌓이고
굳어져
녹아야

겨울 너머
다시 봄일까

함박눈

이렇게 쌓이기만 하면 어떡해

하얗고 예쁜데
차갑고 위험해

그래도 오늘
함박눈 오는 날

만날 채비 마치고
문을 나선다

차갑고 위험한
눈길 헤치고

하얗고 어여쁜
그대 만나려

내 마음

세월이 너한테는 들르지 않나 봐

그대로네
여전하네

내 마음은

겨울 섬

남은 온기 전할 테니
마음속에 감춰 두렴

겨울바람 멎기까지
마음 빗장 풀지 마렴

봄이 와서 따뜻할 적
마음 활짝 다시 열렴

환한 햇살 맞이하고
식은 나는 보내 주렴

겨울 바다

눈이 소복이 해변에 앉았다

파도가 온 힘 다해 눈을 맞는다

하늘 끝에서 떨어져 내리고
바다 끝까지 떠밀려 버려도

함께하니 참 좋다

겨울 바다 환해질 만큼
서로가 따사롭다

눈 오는 날, 차 한 잔, 글 편지

슬픔은 갈 꽃같이 금세 지고
눈물도 첫눈처럼 금방 멎길

응원

풀죽지 말자
뭐라도 해본 하루였다
단단한 세상에
부딪혀 생채기만 났지만
당당히 맞선 그대였다

어둠이 와
옴짝달싹 못 한대도
갈 곳을 비추는
별빛 보며 견뎌 보자

저 동트는 어딘가
넘실대며 반짝이는
지금 그대다

오래된 길

어디로 가도 만났을
어디서 오든 지나칠
언젠간 함께 걸어갈

너에게 따사로움을 가득 건네고 싶어

힘든 내게 친절을
지친 내게 감사를
아픈 내게 위로를

품어준

너에게

따사로움을 가득 건네고 싶어

| 맺음말

인류는 그리고 쓰고 노래하는 순서로 문명을 발전시켰다.

최초의 그림은 스페인 엘 카스티요 동굴에서 발견된 점과 선이 그려진 벽화다. 사만 년 전쯤으로 추정된다. 삼만 오천 년 전부터는 동물이나 사냥 장면 같은 복잡한 형상을 동굴 벽에 그리기 시작했다.

오천 년 전 인류는 그림으로 된 문자를 만들었다. 이집트 상형문자, 갑골문자 같은 상형문자들이 나타났고, 이후 한자처럼 의미를 추상할 수 있는 표의문자로 발전했다. 지금 쓰고 있는 알파벳이나 한글 같은 표음문자는 비교적 최근인 기원전 7세기부터 육백 년 전 사이에 발명되었다.

음악에 대한 기록은 그림 문자 창제보다 이천년가량 늦다. 삼천 년 전 메소포타미아 문명은 음악에 대한 기록을 처음 남겼다. 비슷한 시기 중국 진나라 때 쓰여진 여씨춘추에서도 궁상각치우 오음계를 소개했다. 도레미파솔라시도 서양 12음계는 9세기 무렵 중세 유럽에서 탄생했다.

고고학상 그림이 가장 먼저 나타났다. 다음 문자와 음계로 진화된 셈이다.

인류는 어두운 동굴 속 점과 점 사이 직선을 그리며 무슨 생각을 했을까?
유클리드 제 일 공리 역시 점과 점 사이에는 하나의 선이 그려질 수 있다며 시작된다.
선사시대 프랑스 라코스 동굴벽화에는 동물 무리가 그려져 있다. 말 다섯 마리 사슴 두 마리 이런 식으로 셈이 된 장면을 그려 넣었다. 최초의 그림들은 인류가 수를 알고 있음을 짐작게 한다. 인류는 수를 깨달은 뒤 이를 그렸고, 글로 적었으며, 음을 붙여 널리 알렸다.

수는 크거나 작고, 많거나 적다. 셀 수 있거나 셀 수 없으며, 변하거나 변하지 않는다. 결국 수는 때이고 이치며 순환이다.
때는 장단이다.
이치는 강약이다.
순환은 고저다.
때가 이치로 변환되고, 이치가 순환이 되며,
순환이 곧 때를 말한다.

춘하추동 생로병사 속에서 시간과 공간이 장단 강약 고저로 운동한다. 그 안에 사랑과 공감이 가득차 있다.

시는 사랑의 언어이고, 수학은 공감의 연산이다.
나는 시와 수를 적고 그리며 지금을 살아간다.
그분의 품안에서 따사롭고 평안하다. 샬롬(Shalem)